UN DÍA CUALQUIERA

OSCAR ANTUÑANO VAQUERO

UN DÍA CUALQUIERA

EXLIBRIC

ANTEQUERA 2021

OSCAR ANTUÑANO VAQUERO

UN DÍA CUALQUIERA

Al fuego interno que llevamos dentro.
No lo apagues, acuérdate de él.

DORMIR, MORIR

«Dormir, morir»,
dijo el príncipe aquel.
Engañado había estado,
enajenado estaba.
El dolor le acechaba
y no sabía qué hacer.
Del cáliz beber no,
¿y qué tal huir?
¿Es eso vida para vivir?
Y de su padre se acordaba.
Dudando estaba, pues el dolor
flechas le lanzaba
que su corazón desgarraban.
Y desangrándose, pensaba:
Cuando me muera, no sé
si despertaré. ¿Qué hacer?
No lo sé, vivir quiero.
Algo encontraré que me guste beber».

ME FALTAS

Mi vida, mi vida se para
cuando tú no estás.
Y ahora que te has marchado
para no volver nunca más,
mi vida ha cambiado,
pero te sigo queriendo igual.
El amor no se ha marchado,
a mi vera se ha quedado,
aunque no estás a mi lado.
El calor del sol me es indiferente,
los recuerdos no son suficiente,
La fría piedra es hiriente,
y el polvo que roza mi frente
me recuerda que tú estás ausente.

PASO A PASO

Sombría y llena de colores
mezclados por oscuros dioses.
Poco a poco te desenvuelves,
y paso a paso te desvaneces.
Y nosotros bailamos
mientras la música suena,
porque bailar es disfrutar,
Y es mejor gozar que luchar.
De noche o de día,
despierto o dormido,
En mitad del sueño
o de la pesadilla,
aquí y ahora sigo.
Ahora me siento bien,
ahora me encuentro mal,
qué más me da, verdad,
si tú sigues igual.
Hace calor, me sonríes,
Llueve y me miras mal,
o al revés, qué más da,
y yo sigo igual.
Me reiré igual,
porque pase lo que pase,
el sol saldrá y se pondrá,
y tú seguirás igual.

VICIO

Cara de vidrio.
Ojos de colores,
que son mis amores.
Me miras, te miro,
peligro de vicio.
Peso ligero,
te cargo y descargo,
cómo te quiero.
Te cojo, te dejo,
te vuelvo a coger,
porque te quiero ver.
O eso creo, no sé.
No quiero,
pero te vuelvo a coger.
Me gustas, sí.
No sé qué tienes,
me miras, te miro,
te vuelvo a coger.

MÚSICA

Una nota tras otra.
Ahora un acorde, luego otro.
De fondo se oyen golpes,
unos altos, otros bajos.
A veces, das con la tecla,
o soplas, y qué bien queda.
Y si no lo encuentras, esperas,
pues tarde o temprano llega.
Ya tienes todas las piezas
listas para mezclar.
No quieres parar,
tienes que cantar
para poder terminar.
Hechas las voces
y los últimos retoques,
hay que masterizar.
Esto mismo once veces más,
y el disco ya está
listo para copiar.
Ya solo queda esperar
que la gente lo vaya a comprar,
Y así poder tocar,
en un concierto o festival.

TE QUIERO

Te quiero porque quiero,
quererte es lo que quiero.
Quiero abrazarte porque quiero,
verte, aunque de lejos, quiero,
porque yo tus ojos quiero.
Oler tu pelo yo quiero,
porque por tus cabellos muero.
Oírte a ti hablar quiero,
porque el «sí quiero» de ti quiero.
Tocar tu cuerpo yo quiero,
porque tu dulce piel quiero.
Besar tu cuello quiero,
porque saborearte quiero.
Saber a qué sabes quiero.
Que tú no me quieras temo,
pues el sabor de tu amor quiero.

A MI LADO

Estás entre nosotros,
muy bien escondida,
formas parte de la vida.
Los ojos no te quieren ver
ni a las doce del mediodía.
¡Qué bien se te da
pasar desapercibida!
¡Cómo vives, viva arpía!
Tenemos enfrente
exquisitos placeres
y bonitos entretenimientos.
A los lados los amores
y otras distracciones.
Detrás hemos dejado
lo padecido y disfrutado,
que es lo que nos llevamos,
siempre a tu lado,
como dos enamorados.

FUERTE Y BLANDA

Mis manos te pueden acariciar,
mis pies bien te pueden tocar,
pero no te llegan a atrapar,
mi cuerpo puedes calmar
y mi mente sosegar.
Te deslizas sin esfuerzo
hasta el final, sin parar.
O por el camino te dejas agarrar.
Unida eres muy fuerte,
por eso todos temen
verse por ti de repente
rodeados o atrapados,
por tu ira condenados.
Con tus manos haces y deshaces,
dibujas sin tregua el paisaje,
y de ti y de él los seres nacen.

DESDE LO ALTO

Caminar te vemos
desde este suelo,
siendo nosotros
los que nos movemos.
Nuestro tiempo nos ha llevado
saber el lugar que ocupamos
en este vasto tinglado.
Desde lo alto tus brazos extiendes
y cuidas a todos los seres.
¡Cuán generoso eres!
¡Tú para nosotros vida eres!
Lo oscuro vences,
lo denso enrareces
y solo en alguna ocasión,
tras una congestión,
nos envías una ración
de maldita porquería,
que complica nuestra vida.

DENTRO DE MÍ

No sé cómo describir
lo que hay dentro de mí,
latidos del vivir,
la vida dentro de mí.
Todo cabe en algún lugar ahí,
algo más había desde antes,
¡Cuánto he tardado en hallarte!
¡Qué hallazgo tan impactante
y al mismo tiempo inquietante!
Tener lo bueno y lo malo delante
en cada eterno instante.
¡Qué hallazgo tan importante!
Sentir la vida y seguir adelante
recorriendo cada instante.

CARA DE VER

No sé dónde te encuentras
ni qué lugares frecuentas.
No veo tu rostro ni tu piel
y es que apenas te dejas ver.
Así, ¡cómo te podré querer!
Parece que quieres jugar,
me rozas y desapareces.
¡Qué carácter tienes!
Y aun así, todo te mereces,
dominar no quieres,
enseñarnos puedes
y con tu suave golpe
volvemos a nuestro ser.
Nada más que eso vale
para quererte y quererte
y dejarte hacerme bien.

GRAN AMIGA

¡Qué gran desconocida!
Querida y dulce amiga,
no siempre eres correspondida,
aunque estés a nuestro lado
a lo largo de la vida.
Por favor, no estés triste.
Solo nos dejamos llevar
nos dejamos llevar sin pensar
en lo importante de la vida.
Saborear tu sonrisa,
tu mirada limpia,
tus palabras vivas,
disfrutar de la vida.
Tú eres la mejor amiga,
sin tener ninguna manía,
siempre tienes compañía.

MI ODISEA

Tu mirada me golpea
sin dejarme de piedra.
La olas de tus ojos,
me menean cuando llegan.
Preso no me dejas,
y tampoco me liberas.
Vago y vago sin pena,
porque te quiero y te deseo,
porque verte yo quiero,
en cualquier sitio, donde sea.
Yo bien sé que tú estás,
y si yo lo deseo, verte puedo,
aunque a la deriva quede luego.
Tú apagas mi fuego,
yo así seguir quiero,
enfermo, muy enfermo.

TERCERA PARADA

Hace poco que has llegado.
Los cambios se van notando:
frescos soplidos has traído,
pisamos hojas derribadas
de árboles ahora calvos,
cuyos frutos han caído.
Hacemos nuestro camino.
Horas de día que se han ido,
y que otros han cogido.
Este es el equilibrio
del maravilloso ciclo
que podemos romper
si nos domina el vicio,
la avaricia, el poder.
Es momento de recoger,
de escuchar y ver llover,
y también de comprender.
Es como tiene que ser.
¡Aprovechemos pues
lo que nos tienes que ofrecer!

A UNA PEONZA ATADOS

El espacio surcamos
a una peonza atados.
Su sombra nos ha llegado,
a las nuestras ha echado.
No nos preocupa,
pues la vida continúa.
El ritmo va bajando,
y nosotros nos relajamos
a pesar de pesados sobresaltos.
Del de arriba nos acordamos,
se ha ido y lo esperamos.
Tú desde lo alto
encantada nos observas,
unas veces más, y otras
nada o menos nos enseñas.
Esta danza nos provoca,
y de ti y de tu encanto
nos quedamos prendados.

FIEL COMPAÑERO

Cualquier momento es bueno,
muy fiel compañero.
Siempre estás atento
al fallo y al desperfecto,
para entrar bien dentro.
Sabes que estarás contento
en algún recoveco.
Igual encuentras alimento
y permaneces risueño.
Te vas haciendo el dueño,
y en mí crece el desasosiego.
Más compañeros hay dentro,
vagando muy muy perplejos.
¡Cómo puede pasar esto!
Y yo escucho su lamento,
y entonces mi pensamiento
descubre lo que has hecho
y se queda junto a ellos.
Y tú solo sales de aburrimiento.
Cualquier momento es bueno,
ya sabes, para entrar dentro.

REDES

Siempre buscas el equilibrio,
entre extremos, punto medio.
La cuerda mantiene el sistema,
y el sol atrapa la tierra,
tejiendo un traje de seda
y dando vueltas la deja.
Una tras otra sin cesar,
los años no dejan de pasar.
Y así queda cada cual
en su red particular.
Los átomos no pueden parar
cada uno en un lugar,
mil formas pueden formar.
Siguiendo el ritmo central,
los electrones se enredan
y no paran de vibrar.

HERMANOS HUMANOS

No te queremos escuchar,
aunque nos quieres ayudar.
Tu discurso sigue igual,
al margen del de los demás.
Algunos te quieren dominar,
y tú no te dejas manipular.
Rodean las piedras del río
las aguas en su camino,
a veces en fuertes corrientes,
caminan siempre sonrientes
y llegan a su destino.
Cuando a ti nos acercamos
y de nosotros nos olvidamos,
nos vemos como hermanos
y de uno en uno hablamos,
y todos nos respetamos.
Así somos más humanos.

PALABRAS

Decirle algo a un ser humano,
a un querido y buen amigo,
a un vecino, a un primo,
a un sobrino, a uno mismo.
Sonidos que se escriben,
escritos que se dicen,
que en todos nosotros viven.
Ecos de tiempos pasados,
reflejos de lo que está pasando,
cosas que imaginamos,
cosas que no van a pasar jamás,
o que todavía no han pasado.
Lo que tomamos prestado
junto a lo que imaginamos,
formando una única unidad
a la que pertenece la humanidad.

DESAYUNO

Suena el maldito despertador,
y todavía no ha salido el sol.
Cierta ilusión golpea mi corazón,
perezoso y remolón.
Me levanto tiritando
y rápido de ropa me cambio.
¡Qué bien que llega el desayuno!
Chocolate caliente y churros.
Miro por la ventana: llueve.
Me voy a comer el mundo.
Hace frío, yo a lo mío seguro.
La jornada ha comenzado,
y yo por mi camino ando
a la vida muy abrazado,
y a pesar de todo, ilusionado.

DÍA A DÍA

Ya ha pasado medio día,
media vida de este día,
uno más en nuestras vidas.
¿Dónde va a parar cuando termina?
A la cola del pasado se retira,
a pasar el resto de sus días.
Por la vía del tiempo caminan
los días de nuestras vidas.
Ahora, va el agua tranquila,
y ella misma, con su maestría,
se mantiene en el presente,
saboreando el camino de la vida
sabiamente por donde camina.

POR LA NOCHE

Salgo deprisa del coche.
Ya se ha hecho de noche.
¡Ya era hora, qué hambre!
Abro la puerta con la llave.
¡Ay, la discusión de ayer!
Ya mismo voy a ducharme,
el agua empieza a caer suave.
¡Con el frío que hace en la calle!
Algo caliente cenaré
de lo que sobró anteayer
y dejaré preparado el café.
Mañana sin falta hablo con Raquel.

VUELA LA POLILLA

Subiendo las escaleras,
una polilla revolotea.
No para, no, no para quieta.
Me he dejado el vaso en la mesa.
¿Queda café en la cafetera?
Hoy no he hablado con ella.
Le voy a dar una sorpresa,
seguro que no se lo espera.
Aquella noche con Nerea
sentados los dos a la mesa.
Perfecta cena aquella.
El tiempo vuela y vuela,
y la polilla marcha fuera,
feliz porque libre vuela.
Su ausencia mucho me alegra.

DE NOCHE

Sobre una mesita erguida,
figurita alta y fina,
amado lucero y guía.
Con tu energía puedo ver
cuando al sol ya no se le ve.
Juntos al sueño vencemos.
Los textos llegan a buen puerto.
Yo despierto los espero,
y viéndolos me quedo.
Vivas siluetas me muestras
que mis sentidos despiertan
y mi interior alimentan.
¡Cuántas cosas me enseñas,
hasta que el sol despierta!

DÍA DE PERROS

¡Vaya día que hace hoy!
La del tiempo sí acertó
y todavía puede ser peor
por donde pase el nubarrón,
si descarga su gran furor.
Una semana sin ver el sol,
y con la anterior ya van dos.
El cielo es todo de un color.
El suelo ya espera lo peor.
Hoy estoy con mi superior.
Mañana reunión de vecinos.
El tiempo sigue su camino,
y yo sigo seguro el mío
con la mirada de un niño,
ágil, risueño, y vivo.

CAMINOS ENCONTRADOS

En este camino de pena,
de alegrías y de problemas,
encontramos otras sendas
parecidas a las nuestras,
con sus curvas y sus rectas,
de salud y enfermedad llenas.
¡Qué tela de seda tan bella!
Podemos darnos ayuda,
o hacer cada uno la suya.
Solos, muy solos algún día
nos hacemos compañía,
viviendo así la vida
con emoción y alegría
u ocupados con tonterías.
Vivas vidas compartidas
u ocasiones perdidas,
decisiones de cada día.

QUÉ HA PASADO

Llevamos años enamorados,
con los hijos muy bien educados.
Todos juntos hemos caminado,
hemos evitado altos,
bajos, y más sobresaltos.
Ahora no sé qué nos ha pasado,
qué hemos pasado por alto,
cuándo nos hemos abandonado,
cómo nos hemos desconectado,
por qué hemos perdido el contacto,
hacia dónde estamos caminando.
Tengo sentimientos encontrados,
que me están haciendo daño,
y me pregunto en este estado
por qué nos negamos a intentarlo.

CIELO ENCAPOTADO

En un momento dado,
de pie, sentado o tumbado,
el mundo sigue girando
y el corazón palpitando;
ideas dentro flotando,
se van formando despacio
dragones algodonados
de verdadero espanto.
El cielo antes azulado
luce ahora encapotado,
suspiros entrecortados
y horizontes sin claros.
Sigue la vida pasando,
y esta luz ha transformado
esos dragones alados
en ovejas pastando
en el verde y bello prado.

RUIDO

El ruido ensordecedor
y fiero a nuestro alrededor
nos deja un tremendo hedor
nauseabundo de odio y miedo.
De oscuridad están llenos
sus estúpidos deseos.
Busca esclavos y adeptos,
y espera a ver si caemos.
Nuestras dudas le debemos,
y en la sombra quiere vernos.
Allí puede retenernos
con hilos que va tejiendo.
Deseos y pensamientos
la trama han deshecho,
y nos van conduciendo
a nuestro bello sendero.

CAMINANDO SEGURO

Qué difícil es para uno
seguir su camino a lo suyo.
Nada en esta vida es seguro,
salvo que se acaba este mundo
a una hora dada para cada uno.
Y lo de detrás de este muro
es desconocimiento puro.
Rodeados de grillos negruzcos,
ya podían quedarse mudos.
Desespera tanto barullo,
opiniones hay como gustos
y hay tantas flores como arbustos.
No se vuelva el corazón duro.
No queda al alcance de algunos,
es posible para los muchos
que vuelan sobre los abusos.

LUNA Y SU LAGUNA

En noches llenas de hermosura
se baña en el agua la luna
totalmente desnuda.
Tierna ella como ninguna,
muestra su ardiente figura.
Rostro lleno de dulzura,
rebosante de ternura,
empuja a la locura.
Al salir de la laguna,
algunas gotitas suyas
van a parar a algún lugar,
dejando ahí su frescura.
Ya duerme ella en las alturas.
Hasta que el sol las funda,
él y el agua suman fuerzas,
y sale el color de la luz diurna.

AMABLES FLORES

El campo está lleno de flores,
rosas, rojas y de otros colores,
diferentes formas y olores,
variadísimos corazones,
múltiples formas y figuras,
única y hermosa es cada una.
Cada flor aporta al paisaje
su interior y su imagen.
Todas son importantes,
cada flor hace su parte.
Y aquí mismo lo esencial yace.
Todas las bellezas valen
y ellas se hacen responsables
de mantener el campo estable,
un ambiente de lo más amable.
No existe la mala hierba,
que las flores la respetan.
Crecer unas a otras se dejan.

LA GENTE DE ENFRENTE

Pasa la gente de enfrente
hablando por hablar sin más,
sin pararse a escuchar,
sin pararse a respirar
sin sentir su caminar,
ni el mundo en su totalidad.
Les gusta ser gente normal.
Muy aisladas de los demás,
se resisten a aceptar
que compartimos realidad;
quieren luchar contra la verdad,
y buscar varios defectos
entre todos los demás,
para poderlos criticar
y verter sobre ellos su maldad.
Atrapados en el huracán,
se olvidan de colaborar
por nuestra comunidad.
Vivid y dejad vivir en paz,
respetad las diferencias,
y no compliqueis todo más.

PALABRAS ENVENENADAS

Disparadas las palabras,
van volando con sus alas
llenas de significados.
No son ellas las que dañan,
sino quien las ha lanzado.
Queda en nuestras manos
si nos las guardamos dentro,
o se las dejamos al viento,
y que las aleje soplando.
No hemos de preocuparnos
ni por supuesto derrumbarnos.
Las personas que califican
ellas mismas se perjudican.
Otras siguen esperando
que sigamos colaborando.
Así es como mejoramos,
poco a poco, paso a paso,
aportando cada uno su grano,
nadie se queda atrasado.

MÁS PROBLEMAS

En general progresamos,
y el amor con ganas buscamos,
amar y ser amados.
El deseo desenfrenado
nos conduce al engaño
por la vía equivocada
de las promesas falsas,
del interés desmedido.
Problemas añadidos
a los que ya nos han caído
sin ni siquiera pedirlos.
Busquemos un objetivo,
hay muchos y distintos,
y amigos para compartirlo
para evitar al enemigo.

CAMINO CON SENTIDO

Qué bien me siento
cuando estoy despierto,
y al recuperar el sentido
tras quedarme dormido.
Celebro la fatiga
mientras hago mi vida,
y con nervios y tranquilo,
logro mis objetivos.
La pasión es mi amiga
y me sirve de guía.
Mantiene la llama viva
que dentro de mí habita.
Cerca llevo la alegría,
lo que más quiero en la vida,
la endulza algo cada día,
se ocupa de las heridas
y los dolores suaviza.

LA MARIPOSA

La mariposa reposa
ahora sobre la roca
tras el continuo chocar
de sus alas contra el aire.
Bellísima flor de bien,
que ayuda a las otras flores
del suelo y a los árboles.
Antes que el sol se la robe,
el agua del rocío bebe.
Por fin reanuda el vuelo
a través del sendero
y sobrevolando el río,
completamente asombrada
dejando atrás las montañas.
No sabe lo afortunada qué es
de haber sido invitada
a ser parte de esta casa.
Mirando a la bella dama,
se relaja y descansa.

DESDE EL CORAZÓN

No sé qué escribir,
tengo muchas cosas que decir
y no me dejan decidir.
Todas ellas quieren salir
para poder describir
este muy profundo sentir
con el que tengo que vivir.
No querrás saber nada de mí
por el daño que te infligí.
Es lógico quedar así,
dolorido y afectado.
Es mi corazón destrozado
el que ha de ser perdonado,
el que esto tiene que escuchar,
para poder continuar
caminando con dignidad.
Es mi nueva oportunidad
y la quiero aprovechar
para poderme perdonar.

VIVE LA VIDA

Unos viven deprisa,
otros lo hacen sin prisa,
sin pausa y entre risas,
que esto se pasa deprisa.
Y alto y claro ella nos grita
que tenemos que espabilar,
si no queremos terminar
de cualquier forma tonta
fuera de la realidad,
y no tener utilidad
para ninguna persona,
que además de disfrutar,
también se puede ayudar.
La más mínima sonrisa
y la buena y bella brisa,
ligera y llena de vida,
con rapidez eliminan
la maldad y la tontería
de cualquier guarida,
y así salvan nuestras vidas.

AMOR ENFERMO

Entraste pronto en mi vida,
era joven todavía
y sabía lo que quería,
o eso es lo que yo creía.
Felicidad y alegría,
y estar de maravilla,
eso es lo que nos ofrecías,
grandísimas emociones
nos daba tu inmenso poder.
Expectativas cumplidas
y la letra pequeña
perfectamente escondida.
Ignorancia atrevida,
qué bien que la dominas.
Pasado ya algún tiempo,
tu inquina he descubierto,
al tenerte siempre dentro.
Mi rostro muestra el lamento
tan intenso que yo llevo.
No es amor sano el que siento,
o te dejo y ya veremos,
o seguro de amor muero.

UNA HISTORIA MÁS

Ajenos a la claridad,
en una limpia oscuridad
flotamos felizmente
en un mar de tranquilidad.
Y llega la hora del día
del llanto por el aire frío
y de las cálidas caricias
que nos mantienen unidos
ante lo desconocido.
De la mano caminamos
hasta que damos el salto,
y esta vez nos soltamos
para alcanzar otro estado,
y así vamos avanzando
por los altos y los bajos
sembrando y cosechando,
y en algún momento dado,
sin saber si hay otro lado,
dejamos todo y nos vamos.

FORTALEZA

En un castillo metido,
perfectamente escondido,
está viviendo solito.
Se encuentra bien encogido
entre los muros fríos,
perdido en su propio nido.
Ve las cosas desde lo alto
sin los detalles del tacto.
Sigue y sigue pensando
cada vez más alejado
de todo, encarcelado.
Podrá encontrar escuchando
el modo más adecuado,
para poder salir volando
y ver muchos más detalles
que antes se le escaparon.

BELLA HABITACIÓN

A solas en la habitación,
ni sale ni se pone el sol,
corre sin parar el reloj.
Las paredes crecen y crecen,
y el aire se enrarece
mientras espero y deseo
que este sinvivir cese.
Y en un momento sucede
que las nubes retroceden
a través de las paredes,
el ruido desaparece,
el miedo se desvanece,
el sol vuelve a resplandecer,
y ya encuentro algo que hacer,
además de mi propio ser,
en cualquier sitio que esté.

AGRADECIDO

Siento el aire que respiro,
que me mantiene vivo.
Dulce y cálido sonido
que me tiene entero en vilo
y a la vez también tranquilo.
El color negro es divino,
ni mucho menos sombrío.
El quicio humedecido,
la lengua ya no hace ruido.
La piel me está abrazando
para quitarme ahora el frío.
Yo soy uno ahora mismo
agradecido de estar vivo,
sin conocer mi destino
ni dónde va mi camino.

SEMILLAS

La vida sigue y sigue,
y siempre lo consigue.
Imparable y preciso
es el viejo mecanismo,
lento para construir,
rápido de destruir,
para que deje de existir
tal o cual criatura o ser
aniquilada por aquel
que fuerte se llega a creer,
porque no lo quiere entender,
y el árbol de una semilla
en un momento derriba.
Encuentra la semilla
la ayuda que necesita,
si se mantiene viva,
y colabora con la tierra
y con la naturaleza.
Con quien pueda, quiera,
y de ayuda le sea.

OJITOS ABIERTOS

Esos ojitos abiertos
observan atentamente,
alejados del miedo,
todo lo bello y lo feo.
La vida entera está en ellos,
y sus normas, ni más ni menos.
Ajenos también al tiempo,
se vuelven bien inmensos
como todo el universo.
Ellos están bien despiertos,
de su vida son los dueños
porque persiguen sus sueños.
No dejan de ser ellos
ni al enemigo entrar dentro.
Pacíficos guerreros
los que siguen siendo ellos
permaneciendo contentos.

ATRACTIVA SOMBRA

En la sombra, ausente,
el miedo nos trae al presente,
si miramos fijamente
la oscuridad de la mente.
Gran abismo fascinante
en el que todo cabe.
Atractivo y absorbente,
no nos deja indiferentes.
Voces amenazantes,
imágenes impactantes
en un mundo escalofriante,
que nos puede dar alcance
ahora o en cualquier instante.
Con la luz desaparecen,
cada vez que vuelven.

MOMENTOS

Los rayos de sol, la brisa
me hacen cálidas caricias.
A mi vera yo te veo,
te acercas más, y te quiero.
Y aún más y más calor siento.
Tu piel toca mi pensamiento.
Sé que esto no es para siempre,
ningún instante es eterno,
aunque ahora así lo creo.
Perderte no es lo que deseo,
ni quiero echarte de menos.
Me quedo con los momentos
buenos, bellos y feos,
presentes en el recuerdo,
a los que siempre vuelvo
llevado por el anhelo.

MALDITO VIENTO

Sopla fuertemente el viento
y su frío aliento siento.
Un escalofrío recorre
de arriba a abajo mi cuerpo,
de los pies al cabello,
entrando el desasosiego
que me mueve al son del viento.
Y no cesa el ajetreo
ni siquiera el repiqueteo
de más allá del techo.
El silencio suena hueco,
y quiere quitarle el sueño,
y devolvérselo al dueño,
harto de sentir el vaivén
del aire en movimiento.

REMANDO

Puertas totalmente abiertas,
ventanas que se cierran,
y anda fuerte la marea,
que no ahoga, desespera.
Nuevos vientos arreciando,
con fe seguimos remando,
y con el rampante barco
las olas cabalgamos,
siguiendo nuestro camino,
el que hemos elegido,
que no es el más sencillo,
pero nos tiene encendidos,
inquietos y tranquilos.
Corazón y pensamiento
en el amor unidos,
aportándonos sentido.
Estamos agradecidos.

Camino extraño

Una figura delgada
y su sombra alargada
en la lejanía destacan.
Mirada desenfocada.
Paso a paso voy andando,
se acortan las zancadas,
la figura se agranda.
Mirada desenfocada.
Unos minutos han pasado,
narizota colorada,
carita afilada.
Mirada desenfocada.
Atrás el bar ya he dejado,
tiene la piel con escamas,
cicatrices cruzadas.
Mirada desenfocada.
Lo tengo justo a mi lado,
el vecino del cuarto,
nos quedamos extrañados.
Mirada desenfocada.

SONRISAS Y CARICIAS

Me sentís por la mañana
cuando abro la ventana.
Miradas extrañadas,
ojos dulces y rasgados,
orejitas levantadas
y yo del todo encantado.
Al sol os estáis calentando,
me acerco a ver y me parto,
quiero veros ahora mismo.
Me gusta cómo os estiráis,
os estáis desperezando,
suaves peinados al tacto.
Y yo a lo mío, me río
y me rozáis las manos,
y también el costado.
Yo creo, os está gustando,
seguís pasando a mi lado.
¡Qué risas me estoy echando!

SIEMPRE PRESENTE

Hora punta, mucha gente.
No te veo y son las siete.
Reanuda la marcha el tren.
Dentro de mí estás presente.
Aquí también estoy bien.
Unos se me acercan y ríen.
Otras me tocan la frente,
corren los indiferentes.
Los hay que pasan el día,
por la mañana vienen
y por la noche vuelven.
Formamos una familia,
como en buena compañía.
Mientras, yo miro al frente,
no sé si volveré a verte,
pero te tengo presente
a mi lado siempre.

UN DÍA EN LAS VIDAS

Veo luces encendidas,
la ropa está tendida,
diferentes familias.
La inversión de sus vidas.
El gato busca guarida,
tiene llena la barriga,
y se le está quedando fría.
Cicatrices y heridas
en orejas y barbilla.
Una persona camina
con la mirada perdida,
da un mal paso y resbala.
En el suelo sus rodillas,
y en las dos manos heridas.
El gato curioso mira
y ella en ello repara.
Tímidamente se arrima
para hacerle compañía
y le lame las heridas.

ATRAPADO

En el abismo invisible
habitan seres terribles,
allí donde todo es posible,
lo creíble y lo increíble,
bellezas imposibles,
no hay quien todo esto asimile.
Continúan los impactos,
sin que pueda hallar descanso.
Si no reviento, colapso,
empiezo a estar harto.
No puedo soportarlo.
Me estoy hundiendo en el fango,
agujas me están clavando,
temblores me están entrando,
mi alma se está ahogando,
mi corazón la está salvando.

ASÍ, SIN MÁS

Azul inmenso el del cielo,
para mí que yo lo quiero,
dar alcance a mis sueños
y satisfacer mis deseos.
Ni una nube, azul entero.
Así me veo yo ahí arriba,
bebiéndome la vida,
brindando con alegría,
y así viviré mi vida.
Saboreando la comida
para pasar bien el día,
con una leve sonrisa,
que el camino alisa
y una mirada limpia
que se mantiene encendida,
y la oscuridad ilumina,
siguiendo así en armonía.

QUÉ NOCHE AQUELLA

Noche buena no, perfecta.
La música me penetra.
Esta sí es una fiesta,
sudor, vida y vísceras.
Esta diversión me llena.
Ella menea mi cabeza,
mientras mi alma vuela y vuela.
Ruido de hierro asesino
alcanza ahora mis orejas.
Mi cuerpo se ha congelado,
muchos impactos letales
de unos enfermos mentales
y su estúpida guerra.
Muchos cuerpos ya en tinieblas.
Queda la rabia serena
y una adecuada condena,
sabiendo que los muertos
están en la oscura tierra,
o hechos ya polvo de estrellas.

SOBRE TUS LOMOS

Te pones a cuatro patas,
y encima de tu gran espalda,
horas y horas cabalgo,
gozando, tal vez sudando,
con algún que otro espasmo,
hundido, salivando,
de un lado a otro rodando,
pensando, suspirando,
por el cansancio azotado,
asustado por el mañana,
acosado por el pasado.
Puedo subir a lo más alto
y quedarme allí un rato,
o soportar el coñazo,
que tampoco es para tanto,
teniéndote a mi lado.

MOMENTOS INCIERTOS

Soplan todos los vientos,
los tiempos andan revueltos,
los jinetes cabalgan sueltos,
desatados y contentos.
Mientras todos nuestros sueños
tratan de escapar del miedo,
la salida no la vemos
y atravesamos el desierto
en completo desconcierto,
entre abucheos y saqueos,
y violentos anacletos
con anormales cerebros.
Observadores serenos
con los ojos medio abiertos
contemplan más que perplejos
imágenes del infierno
y pájaros de mal agüero.

CAMPO ABIERTO

Ahí están el cielo y el mar,
y la tierra por explorar.
Me asombra tanta inmensidad.
Siento la necesidad,
llamado por el horizonte,
de acercarme más allá.
No me hace falta nada más,
solo una gran voluntad
y tanta o más humildad.
Es un delicado juego,
con su buena parte de azar,
y yo lo quiero disfrutar,
acariciar, oír y tocar,
descubrir, sentir y escuchar.
Al seguir caminando,
seguimos avanzando,
avanzo, escucho y toco,
y cuanto más descubro,
más avanzo y más quiero,
más toco y más juego.

DÍAS DE VIDA

Un día más con alguna duda,
un día más aquí estoy,
un día más es lo que tengo
y un día más me voy a pedir.
Bajo el sol, sobre el asfalto,
oliendo a galipó,
consumiendo gasolina,
a toda pastilla,
destrozando las ruedas,
jugando a la lotería,
estando al pie del cañón,
ni gato ni ratón,
ni cordero ni león.
Así me abandonan los días,
amor breve de verano,
intenso y apasionado,
yo a ellos me quedo abrazado
y se me escapan de las manos.
Mientras haya alguno libre,
yo seguiré enamorado.

PALABRAS

No sé si decir esto.
Siempre me pasa lo mismo:
me sigo comiendo el tiesto
y no me quedo tranquilo.
Lo digo en mi pensamiento,
hasta quedar aburrido,
una vuelta, otra vuelta,
¿estoy faltando el respeto?
¿Me llevarán a la trena?
Igual me parten la jeta,
me patean en el suelo,
o me cortan el cuello.
Ya he hallado las palabras,
casi me estalla el coco,
al final yo me lo rompo.
Vale, me lo he currado.
He andado con cuidado,
A nadie he insultado.
Por favor, dejadme hablar,
sin juzgar ni censurar.
Aprended a dialogar,
aprended a escuchar,
a hablar, a callar, a ignorar.

SALIDAS

«Bah, no sirve para nada,
eso no tiene salida,
así no vas a ningún lado,
vaya coñazo, yo paso,
no te compliques, déjalo,
vas a volverte inteligente»,
eso nos dice la gente.
No espero más, voy a intentarlo,
no me importa el resultado,
la sorpresa, lo inesperado,
lo curioso, lo gracioso.
Igual hasta descubro algo,
vamos a comprobarlo.
Lo mismo no es imposible,
de cada cual depende,
no dejemos de ser libres,
todo el tiempo, todo el rato,
soñando de día, despiertos,
iluminando las vidas,
enfocados, despiertos.

BIEN PUESTO

¡Qué buena la comida de hoy!
Me he olvidado hasta del vino,
con el agua hago el camino,
parando de vez en cuando
a tomar unos cacharros
y a que beban los caballos.
En casa tengo el abrigo,
fiel cumplidor, me quita el frío,
hoy le ha tocado descansar.
Cada día nos parecemos más.
Le cuesta remangarse,
igual que a mí levantarme.
Le gusta más la luz de noche.
Como el primer día, impecable,
y yo limpio y elegante,
yendo como a mí me gusta.
No me olvido del corazón,
bueno y con un poco de amor.
Es mucho, aunque parezca poco.

ARTE

Helarte es congelarte,
es que se te ponga tiesa,
o que te encoja al verte.
Es llevarte un susto de muerte
y también verla de frente,
que te lleve para siempre.
Es enmudecer de asombro
para poder aprender.
Es apretar fuerte los dientes
para mantenerte a flote.
Es caminar bien erguido,
agarrando el presente
e imaginando el futuro.
Es doblarte suavemente
para luego levantarte.
Es mantener la mirada
serena y limpia siempre.
Es estar entregado
libre y sosegadamente.
Es todo lo que hacemos
elaboradamente,
lo que pare nuestra mente,
esté o no expuesto en un museo.

AÑO VIEJO

Ayer fue domingo.
Día largo, todo cerrado,
películas de Navidad,
tenemos que ser buenos,
ayudar a los pobres,
a los necesitados
y a los discapacitados.
Todos como hermanos.
Kilómetros solidarios,
deprisa, que se acaba el año.
No nos quedemos sin regalos.
Más puestos de trabajo
para volver al paro,
y comenzar el año
otra vez desde abajo,
que ir subiendo mola mazo.
No pierdas nunca la ilusión,
juega, compra lotería,
casa para toda la vida.
Ahora vienen el Viernes Negro,
y los bombones Ferrero.
Gracias por el traje nuevo.

AMORES

Somos pareja de hecho,
nos queremos con locura,
yo mi vida te entrego,
y hasta mi propia cordura,
para que me des la luna
y la llave de la fortuna.
Amamos la ley y el derecho,
son como de la familia,
que guardan nuestra hermosura.
Algunos nos miran mal,
nuestro amor no les gusta,
creen que no es nada bueno,
que es lo de siempre, apariencia,
que somos la bella y la bestia,
que lo nuestro no es verdadero,
aunque parezca eterno.
Nada, nada es para siempre.
Todos nos marcharemos.
¿Dónde quedará el amor?
¿Cómo dejaremos esto?

GANAS DE VIVIR

Mirada dulce de asesino,
cara redonda de niño,
el gato está tranquilo,
se está sacando brillo,
y el ratón mata el tiempo
tras un trocito de queso,
anda ágil de cojones,
nota el buen olor de lejos,
se relame los bigotes.
Otros tantos están igual,
oliendo bien y comiendo mal,
les pueden las ganas, sin más,
y se lanzan a la aventura,
a pesar de la espesura,
sin pensar en su bravura,
se arriesgan a ser engullidos,
ahogados en su saliva,
malheridos por sus garras,
a trozos en su garganta,
a librarse de las heridas,
a encontrar la salida.

SANTO VILLANO

Más de diez líneas en el campo,
las que te gustaban tanto,
con los pies y con las manos,
estilo de gigante,
olfato impresionante,
hazañas imposibles,
gestas inverosímiles.
Aquellas tardes de gloria
y las noches de euforia.
Llegar a lo más alto,
coronado y con espinas,
sobre el resto de los humanos,
del suelo a poco más de un palmo,
y a toda hostia besar el fango.
Aliento, y cuerpo de barro,
eres un eterno humano,
o tal vez un dios mortal,
icono, héroe y villano,
espejo de carne y hueso
en el que nos reflejamos.

¡VAYA TELA!

A ver qué me pongo yo hoy,
ando siempre con mil cosas,
para arriba, para abajo,
y termino siempre igual,
para ir de fiesta o al trabajo.
No tengo sueño, así que…
Por todos lados tirada,
toda mi ropa es parecida.
Mis amigos y amigas
suelen vestir a la moda,
me dicen que eso les mola
y pasan desapercibidos.
Yo no lo tengo claro,
estas mariposas vuelan
como moscas cojoneras.
Tanto tiempo sin ver la luz
y el armario se ha asustado,
medio vacío y viciado.
Entre trajes de seda,
todavía reluce y brilla
limpio e inmaculado,
el que dejé abandonado.

ME CAGO EN...

¡Ay, Dios! Dios mío, Dios mío,
¿dónde diablos te has metido?
«No te habrás escondido», digo.
No, no te habrás disfrazado
de un puñetero mendigo,
no te veo por ningún lado.
No sé si la he cagado,
o si voy cuesta abajo.
Sí sé que ando justo, justo,
no salgo a la calle del susto,
estoy agotando el paro,
y no veo delante el futuro.
¿Tendré que ir a una habitación?
¿A un albergue tal vez?
O acaso en la puta calle.
No me dejes tirado,
que nadie te vea disfrazado.

MUEBLES

Tenemos en nuestra cabeza
únicas e irrepetibles,
y a la vez similares,
no una, sino dos orejas.
No vayamos en plan mono
y escuchemos en estéreo,
captando así más detalles,
sintiendo la profundidad
de las palabras en las frases
y sus varios sentidos,
que nos dan la posibilidad
de elegir y comprender.
También de poder convivir,
de seguir igual que siempre,
sin atravesar el umbral
de nuestra propia mente,
que con ahínco construimos,
dejando nuestros muebles
del todo descuidados
en vez de ordenarlos.

ACALORADOS

Cómo se agradece el sol,
cada vez más ausente,
el día va cediendo tiempo,
y la noche va creciendo.
Por estas fechas hace frío,
pero al sol vence el calor.
Acariciándonos estamos,
gozando juntos un rato,
y va y viene el cabroncete,
y nos da un susto de muerte.
Sin pensarlo, echas a correr,
te sigues alejando,
el sol sigue calentando
y te pierdo la vista.
¡Qué bien que lo pasamos!
Quedo a la escucha, pío, pío,
me giro, y otra vez te veo,
nos acercamos de nuevo.
¡No venimos de Teruel, eh!
Que no vuelva así por aquí,
puñetero Gargamel.

ASQUITO

¡Puaj! ¡Qué asco, joder!
Pero qué puto ascazo.
Esta sociedad me altera
con sus arbitrarias reglas.
Joder, ya no lo aguanto,
voy a ser malo, rebelde.
Me meto speed o hachís,
no quiero, que me acelero.
El caballo es muy cabrón,
corre que se caga la perra,
y de una coz me tumba, no.
El alcohol daña el hígado,
ni como ni dejo comer.
Se nota que no sé qué hacer,
como aquel famoso asno
que al final murió de hambre.
Empezaré por pensar,
no dejaré de escuchar,
hablaré para hacer pensar,
sin molestar ni insultar,
procuraré controlarme
y dejar de juzgar.
¡Pues a ver si es verdad!

BANDO ÚNICO

Una nube oscura arriba,
que va a su aire, canta y baila,
camina sobre el empedrado,
doblando las esquinas.
No cultivan la tierra,
no quieren hacer la guerra,
se lo pasan en grande,
vuelan, vuelan y vuelan.
Viven en paz, qué belleza,
lo demás se la pela.
¿De verdad hace falta más?
El cielo está emborronado,
ya se están volviendo gansos.
Me están entrando las ganas,
pero paso de cazarlos,
yo les dejo que vuelen y canten,
a ver qué cuentos me cuentan.
Luego les abro la puerta,
y les jode, pero se marchan.
Alguno antes me deja el recado,
y si le pillo, le disparo.
Pájaros, ratas del aire,
los grillos para otro rato,
a la mierda las cadenas.

TROZOS DE TELA

Lava la lavandera
un viejo trapo con esmero,
ajado, deshilachado,
tantas veces pisoteado.
Es solo eso, un pañuelo,
que no os tomen el pelo.
Nadie quiere hacerle caso,
amarrada la tienen,
para que limpie su mierda.
Y así se gana la vida,
harta está de aguantar mecha,
cerrar y cerrar heridas,
vaya castigo que padece.
Sueña que es realmente libre,
sin límites, sin barreras.
Después de cada eclipse,
vuelve a ver que es posible,
y de la profunda pena
surge una nueva alegría
que cierra la herida
para que brote la vida.

SUEÑO HELADO

La claridad me golpea,
el frío quiere ser mi amigo,
el escalofrío quiere calor,
yo no lo tengo claro,
ahora que tú te has ido.
He soñado con un candado,
dos bellos labios rosados,
yo con la llave lo abría.
Al acercarme a mirar,
de golpe he despertado,
estaba destapado.
¡Qué habrá sido de la llave!
¡Ah, se me cayó de las manos!
No llegué a oír el ruido.
Bajaré a las profundidades,
dejaré de pasar frío,
viviré con los demonios,
volveré a ver la luz del sol,
también en mi habitación,
y en el corazón, sea mío o no.
Sentiré tu suave abrazo.

CIELO Y TIERRA

Un pájaro me ha enseñado
a dar el gran salto,
a servirme del viento,
a procurar volar alto,
y también a volar bajo,
a valorar la tierra
como un lugar de paso,
fuente de alimento y descanso.
Me ha emocionado
y me ha alimentado,
me ha contado al oído
unos cuantos secretos,
me ha enseñado a cantar,
a apreciar diferentes voces
de variados colores;
a recordar que el tiempo pasa,
a evitar las pájaras
que te hacen perder tiempo
y a detectar pajarracos
que te tocan los huevos,
te engañan y te dan por saco,
te dan el cambiazo,
pasas a estar a lo suyo
y caes en el engaño.

FLUIDOS

Estoy besando el vaso,
tal vez sea el último trago.
Puede que no haya un mañana,
no nos haremos daño.
Mi lengua te satisface,
y me emborracho de placer.
Mi saliva se funde
en tu ardiente fuego.
Tu envolvente perfume
atraviesa mi cerebro.
No sé qué es el tiempo,
no hay distancia, hay unidad,
somos un único cuerpo,
frágil, sin grietas ni fisuras,
nosotros somos el mundo.
El ardor va creciendo,
todo mi cuerpo lo siente,
y me empiezo a encontrar mejor,
el uno al otro agarrados,
en mi mano, a tu sombra.
El ahora de esta copa
no perdura, se agota.

PAISAJES

El cielo está llorando,
de pena o de alegría, no sé,
puede que nos estén meando,
o dando el fruto del placer.
La casa golpea al árbol,
los caminos cortan el monte,
el asfalto hiere al campo,
los cultivos joden el bosque,
enormes bloques y espigones
incordian al poderoso mar.
Los árboles agarrados
bailan al ritmo del viento,
como dos enamorados.
Los viejos, ya cansados,
terminan derrotados,
forman parte del paisaje,
se siguen transformando.
Las estrellas siguen brillando.

AGUA

El agua que ha caído
no sé dónde irá a parar.
Se quedará en los caminos,
llegará hasta los ríos,
de los pozos se arrastrará
hasta las fuentes de los pueblos,
marchará a por sal al mar,
alegrará días de verano,
calmará las resacas,
limpiará nuestros cuerpos,
nos dará caldos calientes,
todo tipo de infusiones,
y también varios refrescos,
frutos variados y hermosos,
muy sabrosos y jugosos.
Lavará nuestras ropas
y tantas y tantas cosas.
¡Ah! Vasos, bolsas y bolsillos,
esos también los llenará.
El agua es una necesidad.

AMOR RABIOSO

Rabia me tiene loco,
rabia me quita el sueño,
aleja de mí la apatía.
Rabia no quiere callarse,
se quiere hacer ver y oír,
me mantiene en pie.
Rabia no se casa con nadie,
ella para nada es mala,
es única y genuina,
solo ama la paz y la verdad,
la justicia y nada más.
Ella se indigna con el mal,
Rabia es lógica, no se aíra.
Rabia busca la solución,
mirando en el cajón del amor,
sabe quién lo está haciendo mal
y no caminará por ahí.
Buscará suficiente agua
para apagar el fuego.
Acabará con él, sí,
y le dará su merecido.
Así de buena es Rabia,
sabe estar en su sitio,
yo la quiero mucho,
yo la quiero con locura.

FANTASÍA

Fantasía, amiga mía,
mira que te quiero, ¡eh!,
pero eres un poco guarrilla,
tengo que reconocerlo.
Puede que no estés de acuerdo,
pero es que lo tuyo es el juego,
y jugando, me seduces.
Yo me lo paso de cine,
vacas doradas, aladas,
que caminan por el cielo
rumiando nubes negras;
liebres que comen carne,
alienígenas amables,
gentes sin clases sociales,
humanos que se saben
de la misma condición,
iguales, compartiendo.
¡Qué imaginación la mía!
y tú con tu gracia me dices:
«¿Qué es la realidad?»
«Lo que tú quieras», te digo,
y yo a lo mío, guapa mía.

LABERINTO

Ahí mismo estaba la salida,
la propia entrada al abismo.
Así de cerca la tenía,
yo mismo la he elegido
al cerrar los ojos míos.
En la oscuridad he aprendido
a buscar la claridad,
sin pensar en el final,
sin volver la cabeza
para mirar atrás,
a disfrutar de la soledad
en mi buena compañía.
Encontré una criatura,
elegante y distinguida,
vestida con mucha clase.
No escuchaba ningún grito,
iba pensando en lo suyo.
Entonces, más adelante,
la voluntad encontró
a la solidaridad.
Se vieron sin cadenas,
y a fuego, para siempre unidas,
se echaron a volar
sin alejarse de la tierra.

TODAVÍA ME ACUERDO

No sabía nada de tí,
llevabas tiempo ausente,
ni mensajes ni llamadas,
la inquietud me acosaba,
gritando, me susurraba,
se acostaba en mi oreja,
soñaba a diario conmigo,
se metía en la tele,
salía de la radio,
era una auténtica obsesión.
O vas o te llevo, me dijo,
y entonces no me resistí.
Terminar de comer, y salir.
Llegué, todo en silencio,
tenía la llave y entré,
calma y aire viciado,
y por fin te encontré allí,
frío, tieso, cabizbajo,
suspendido, callado.
Mi temor quedó confirmado,
incrédulo, estupefacto.
Ése era mi estado,
nadie quiere perder tanto.
Quisiste dejar de vivir,
de llorar, de pensar, de reír,
nos privaste de tu presencia,
de lo bueno y de lo malo en ti.

CUESTA

¿Qué habrá ahí arriba? ¿Algún dios?
Mi amigo solía decir
que le gustaría subir
y estar en lo alto,
sobre hombros de gigantes.
Sabía del riesgo que existía,
pero ella le seducía,
y él se enamoraba
más y más cada día,
y el deseo de subir crecía.
Subir montañas no es lo mío,
Yo prefiero lo llano,
contento arriba y abajo,
siempre compartiendo momentos.
Mi amigo lo consiguió:
No me habló de ningún dios,
me habló de la niebla y el frío,
de la dureza del camino,
de que es mejor subir y bajar,
compartir y colaborar.

EL PESO DEL PENSAMIENTO

¿Dónde está el equilibrio?
¿Estará deprimido?
¿Se habrá quitado de en medio?
Quizás lo hemos matado
a base de picotazos.
Lo recuerdo bello y frágil,
con una clara sonrisa,
haciendo que marchemos
sin entorpecernos, en paz,
libres así sí, de verdad.
Tenemos que buscarlo ya,
no podemos esperar más,
no estamos aislados del mundo,
somos parte de él, somos mundo.
Está en nuestras manos,
trabajar, procurando
no perjudicar a los demás.
«Esa es nuestra libertad,
usemos pues nuestro poder».

PELÍCULAS

¡Ay ama! Menudo sueño…
uno, dos, me jode oír tu voz,
tres, cuatro, toma puñetazo,
cinco, seis, cámbiate el jersey,
siete, ocho, mírame el coño,
nueve, diez, te vamos a joder…
Vaya chorradas hay que oír.
Ese sombrero molaba,
esa cara de malo,
desfigurada, arrugada,
tu jerseicito a rayas,
esa voz desgarrada
que antes me acojonaba,
y esas pedazo de garras.
Eras un cabroncete,
con gracia y con mucho estilo,
te llevabas tu merecido
y al terminar la acción,
eras un tío simpático.

PARA TOD@S

Brazos armados en alto,
sables bien afilados,
mentes muy entrenadas
para dar caza al otro.
Humanos que se creen lobos,
y ven como ratas a otros.
¡En qué se han convertido!
Humanos somos todos,
nada más y nada menos.
Bastante y suficiente
para tenernos respeto,
los unos a los otros.
No hacen falta salvadores,
sino personas que respeten
los diferentes valores,
las diferentes opiniones,
las diferentes opciones.

CONDENADOS

¡Vaya hostia me acabo de llevar,
menudo moratonazo!
¡Ay, qué dolor más grande!
Y ya van ni se sabe.
Vivimos atolondrados,
ratones enjaulados,
corremos y no avanzamos,
estamos atrapados,
presas de las apariencias.
En el laberinto quedamos,
o morimos en vida,
buscando morder carne viva,
o somos devorados,
cruelmente asesinados.
¡Vaya infierno de mierda!
¿Cómo saldremos de esta?
Ya sabemos que algún día,
enmudeceremos sin más,
abrazando la oscuridad.
Entretanto viviremos,
disfrutando y disfrutando
todo lo que podamos.

CORONA DE ESPINAS

Un hijo de puta anda suelto,
ni se le ve ni se le oye,
pero cómo nos jode.
Nosotros somos las abejas,
lo cogemos y llevamos
a cualquier sitio que vayamos,
pero nos olvidamos
que así nos contagiamos,
y nos seguimos quejando:
los bares, los restaurantes,
el ocio, la cultura,
reuniones familiares,
ir por ahí con las amistades.
Y mientras, en el frente,
sanitarios afectados,
sanitarios puteados,
sanitarios agotados,
sanitarios cabreados,
enfermos olvidados,
ancianos asustados.
No estamos a la altura,
cada cual va a la suya.

ENTRE TOD@S

¡Qué bonito es que te elijan,
que te quieran, por lo que sea!
¡Qué bonito es ser querido
y haber sido elegido!
Que no te elija uno solo,
si nos quieres representar,
que no te elijan dos o tres,
ni cinco, ni seis, ni siete.
¿Cuántos somos en total?
Si nos vas a representar,
en esta tierra estamos todos.
Tú también vives aquí,
junto a todos nosotros,
abuelitos y jovencitos,
maduros y maduras,
armados y desarmados,
armadas y desarmadas.
Tú puedes presentarte,
tú puedes votar
como todos los demás.
Eres un ciudadano más,
tienes unas funciones,
derechos y obligaciones.
No es nada bueno
quitar derechos a los demás.
Eso suena como a robar.

HACIENDO MEMORIA

Mientras el gallo cantaba,
terribles e injustos disparos
cortaban aire y vidas
a partes iguales.
Personas olvidadas,
tiradas y amontonadas,
brutalmente silenciadas.
Otras, más afortunadas,
consiguieron escapar,
y ayudar en la lucha
contra el mayor mal,
O simplemente vivir.
Otras pasaron años
encerradas y ocultadas,
como roedores mineros,
con un tremendo miedo
a ser encontradas.
Y así pasó y pasa el tiempo.
Quizás mejor recordar
para que no vuelva a pasar.

VIVIR PENSANDO

Vivimos tiempos duros.
¿Y cuáles no lo fueron?
Los problemas permanecen;
si no es así, lo parece.
¿Qué está sucediendo entonces?
Fuera de la vista aquellos
que no quieren que haya libertad
para todos y todas,
que en realidad no confían,
pero se quieren aprovechar.
Aquellos que dominan
sin derecho ni razón.
Para esos y esas, muerte en vida,
que menuda jeta tienen.
Démosles oportunidades,
enseñémosles a entender
que la vida es lo que más vale,
que no es tan complicado.
Nunca es tarde para pensar,
nunca es tarde para cambiar,
esperamos vigilando,
esperamos protegidos.
No hagamos de la tierra
nuestro paraíso temporal,
un planeta de mierda

OTRO DÍA MÁS

La vida no para, sigue,
Veinticuatro de diciembre,
noche familiar de siempre,
buenísima si se quiere.
Mejor será olvidar los egos,
el del cuñado y el nuestro,
que no somos perfectos.
Pasaremos un buen rato,
olvidando los problemas,
disfrutaremos del tiempo
con un poco de entusiasmo,
reiremos, cantaremos,
beberemos, bailaremos
algún sable volando,
y buen rollo por los pequeños,
estos días son para ellos.

PALABRITAS

Cuántas cosas nos hemos dicho
en estas fechas señaladas,
casi todo bobadas.
Este año están siendo raras,
y no por ello menos falsas.
Las palabras de cada año,
¿tal vez más esperadas?
Como siempre, han generado
varios comentarios.
Palabras también huecas,
que no llegan al fondo,
cual corona bañada en oro.
Lo que no se comenta
también nos puede interesar:
el lenguaje corporal,
los gestos al hablar,
que nos transmiten fuerza,
energía, vida, verdad,
indolencia, indiferencia.

¡QUÉ CURIOSO!

La vida que vivimos
en parte la decidimos.
La vida finaliza,
y no sabemos dónde va.
Continua el ciclo natural.
Una sucesión de eventos
que sucede sin parar.
Algo que va más allá
del reino del bien y del mal,
algo que no se puede
ni tan siquiera controlar,
nos guste menos o más,
nos duela menos o más.
Los sistemas surgen de ella
y no la pueden capturar,
buena y bella libertad.
Esta lección nos enseñas
y no queremos aprenderla.
Vivir así ya es posible.
Solo hay que comprenderlo
y caminar hacia ese fin.
A su ritmo cada cual,
sin prisa, pero sin pausa,
y los logros llegarán.

DE FLORES Y FLOREROS

¡Cómo me gusta este grupo!
auténticos, increíbles,
me levantan, me deprimen,
animales desatados,
fieras sobre el escenario,
músicos de primera,
qué bien llevan el ritmo,
suenan muy muy compactos,
qué duro han trabajado,
Hablarán mucho y bien de ellos,
les darán además premios.
No serán los únicos buenos,
pero los han escogido.
El jurado elige al grupo,
y yo elijo a quien escucho.

EN LA CABEZA

Ya no estás entre los nuestros,
siempre llega ese momento.
Nadie ha podido escaparse,
sí o sí, se acaba el cuento,
aunque no nos guste nada.
Así es como funciona esto,
así es como seguirá esto
y así es como ha venido siendo.
Nadie nos ha preguntado
a ver qué tal nos parece.
Es lo que es y se acabó.
¿Dejaremos marchar o no?
Nos quedan los recuerdos,
nos quedan los momentos,
son y serán siempre nuestros.
Si añadimos algo de humor,
infinitamente mejor,
y entonces sonreiremos,
y sí, nos levantaremos.
La vida es lo que tenemos,
disfrutemos de todo ello,
¿Qué más nos dan los demás?
¡A vivir felices y contentos!

GRACIAS

Cómo nos la han clavado
por ir sin ningún cuidado,
rápido, a todo trapo,
buscando la novedad,
lo último de lo último,
para ser los primeros,
los más listos, los más guapos,
los reyes del mambo.
No es para tanto joder,
que es veintiocho de diciembre,
y hoy no iba a ser diferente.
Todos los días muere gente,
todos los días nace gente,
aunque no hablemos de ello,
aunque no lo pensemos,
aunque no nos guste nada.
Que el supuesto mal gusto,
no nos dé un disgusto.
Menudo susto, era broma.

ASCO DE AÑO

Agur, dos mil veinte, agur,
Año redondo y muy cabrón,
has sido largo, largo y largo,
malo para tragar y amargo.
Ni Atila arrasó tanto.
Nos has jodido la vida,
la fiesta y nuestra alegría,
nos has traído el coronavirus,
nos has metido en casa,
encerrados a cal y canto.
Has llenado los hospitales
y has vaciado los bares.
Las vidas de gente mayor
has segado sin piedad,
muchos muertos en soledad,
sin hacerles un funeral,
y también varias jóvenes,
y otras tantas de mediana edad.
Llegarán las vacunas,
y la victoria final.
Gracias a los cuidadores,
y a los investigadores.

PRINCIPIO Y FIN

Hemos cambiado ya de año,
acabamos de comenzarlo,
y aunque no es para tanto,
creo que tiene cierto encanto
con lo que está pasando.
Menos fiesta y más control.
Todo parece indicar
que aún tendremos que esperar
unos cuantos meses más,
para volver a lo de antes,
a no tener horarios,
a darnos besos y abrazos.
Nos queda un rato bien largo,
tendremos que remar todos,
para no irnos al fondo.

AZUL

Un punto es muy poca cosa,
minúsculo, casi nada,
insignificante, vamos,
y se suele pasar por alto,
aunque bien visto y mirado,
resulte ser algo grande,
superinteresante,
repleto de detalles,
algunos agradables,
otros más bien lo contrario.
Con todas las historias
que podamos imaginar,
con sus comienzos, sus tramas
y finales, o desenlaces.
Cada vida, una aventura,
cada cual que haga la suya,
sin querer complicarnos,
viviendo en un planeta,
lleno de recursos
para el aprovechamiento
y mayor disfrute nuestro,
si el importante reparto,
no hace de ellos algo escaso.

ASÍ

Vivió la vida que quiso,
vivamente la vivió,
ganador, vino, vio, y venció,
hizo su propio camino.
Diseñó su destino,
construyó su futuro
seguro de sí mismo.
Y así se hizo leyenda,
disfrutando al máximo,
como todos con problemas,
haciendo de los instantes
recuerdos imborrables,
momentos imperecederos,
eternos, perdurables.
Un juerguista serio,
un fiero sensible.
Poco importan los detalles
de una vida de excesos.
Pagó el precio por ellos.
Él solo hizo su juego.
No sabemos si se quemó
de tanto andar con fuego,
ni si a la vida no respetó,
o la amó en exceso.
Mejor es ser lo que quiero
que un juez terrible y supremo.

MOVIÉNDONOS

Este nuevo año viene
cargadito de nieve.
El frío polar se extiende,
y donde llega la mete.
A veces la niebla es fuerte,
a veces es fuerte el viento,
y donde el frío no llega
viene con fuerza la arena.
Los años siguen pasando,
siempre pasa lo mismo,
pero cada momento es distinto,
ese es siempre el caso, ¿no?
Y nos vamos adaptando
de un modo u otro, sí o sí,
a lo que nos viene dado,
o a lo que decidamos.
Los pensamientos se suceden
rompiendo el silencio,
generando la tensión
que el silencio resuelve.
Así una y otra vez, así…
El pensamiento nos guía,
o sujetamos la mente.

SIGUEN VINIENDO

Hemos empezado fuerte,
recibiendo duros golpes.
Sigue la marejada,
siguen llegando las olas,
unos hablan de la tercera,
otras hablan de la cuarta,
y los del tiempo, del frío,
de una ola de aire polar
que nos está congelando.
No es frecuente, ni extraño,
que quedemos nevados
cada pocos años.
Es bonito y pesado,
bueno para la tierra
y para el verano, claro.
Mientras llegan las vacunas,
hay gente que hace de las suyas,
por dar por culo que no sea,
y el que no aguante que se muera.
Que siga la fiesta sin control,
cuantos más, mucho mejor.
Y si te pones muy mal,
entonces vas al hospital.

LAMENTO AZUL

Vaya pedazo de invierno,
si no es por la nieve y el frío,
pensaríamos que estamos
en el mismísimo infierno.
Desde hace unas semanas
la tensión ha ido subiendo,
lenta y sostenidamente.
Con este panorama,
cabía esperar tal episodio.
Parece que llegará
un buen desenlace,
una solución estable
y, sobre todo, razonable.
El lobo llevaba tiempo
enseñándonos las patas
con harina blanqueadas.
Su piel no es de cordero,
más bien es de lobezno.

LA CUESTA

A ver si este duro invierno
nos ayuda con el virus,
o nos espabila del todo.
El mundo se ha vuelto loco.
Este año la cuesta es más,
mucho más pronunciada,
y hay que pensar cada una
de las pedaladas a dar;
dosificar la energía
para llegar a la cima,
evitar las pájaras,
y disfrutar de las vistas;
sentir allí más alegría
de continuar con vida.
La inmensidad del cielo,
la pequeñez de la vida
y el devenir en la tierra.
Lo infinito en nuestras vidas
y los efectos que surgen
de nuestros actos y obritas.
Y si lo queremos olvidar,
el mundo nos ayuda
ahora, y ahora, y ahora,
a volver a recordar
lo efímero de la vida.

INFERIORES

En el bar, o en otro lugar,
donde quieras imaginar,
¿Por qué tienes que despreciar?
¿Qué te impulsa a insultar?
¿Por qué quieres provocar?
¿Qué te hace sentir tan mal?
Así tú te rebajas,
así te descalificas,
tú eres el que te humillas,
tus actos te delatan,
tú lo estás haciendo mal,
tú eres el que maltratas.
Yo no me voy a sentir mal,
no me voy a dejar llevar,
tengo claro lo que pasa.
Ninguna diferencia
hace mejor ni más grande,
ni por supuesto peor,
ni tampoco más importante
a dos esencias iguales.
El miedo, la ignorancia
y unas falsas creencias
te llevan a la violencia.
Allá tú con tu conciencia,
aprende a respetar ya,
vive y deja vivir en paz.

EL FRÍO Y LOS PROBLEMAS

El frío todavía aquí sigue,
amigos a la fuerza,
resiste, insiste, y persiste.
Ahora y siempre, más que nunca,
amigos del fuego y del calor,
de la lumbre y de la luz.
El frío es duro de pelar,
para ir a trabajar
y también para ir a comprar.
Ya han empezado las rebajas.
¿Qué compraré, qué me hace falta?
¿Qué me apetece? No lo sé.
¿Cómo puedo ser feliz?
Todos tenemos problemas.
Elegir la comida
y si nos la traen a casa;
encender el radiador,
o esperar y ahorrar un poco;
ponerme una manta o dos,
ganar más o un poco menos,
repartir nada o un poco.

INVIERNO, INVIERNO

En los días del duro invierno,
calor, calor y alimentos,
en los días del crudo invierno,
andar lo justo y con tiento.
Mientras dura el invierno,
buen abrigo y trago de vino,
y a preparar el carnaval.
¿A que no parece mal plan?
No me quiero olvidar del frío,
de esa sensación de frío intenso,
esa que anda por dentro,
que molesta, que acogota,
esa especie de frío interno.
Si hace falta, te llevo dentro,
no es para tanto, y hago la mía.
Esté yo caliente o frío,
sigo y seguiré andando,
mientras esté vivo.
Sigo y seguiré riendo,
haga lo que haga la gente,
diga lo que diga la gente,
piensen lo que piensen.
Yo seguiré contento,
o al menos haré el intento.

Sol, nieve y nubes

Por fin un poco de sol.
La blanca nieve está siendo
tallada por los elementos.
Curvas y contornos quedan
por fin al descubierto.
De fondo está sonando
la última canción que ha sacado
la banda del momento.
Sí, sí, los carámbanos,
en riguroso directo
y por las redes sociales,
seguro, ciento por ciento.
Adelanto de su disco,
Primavera llega ya,
un canto a la vida entera,
a lo bueno y malo de ella,
a los que salvan vidas
con gusto, a pesar de todo,
y a los que esperan su turno,
para ser operados,
tratados o curados,
en tiempos de pandemia,
a los que salen lo justo
y a los que el resto se la pela.

CERA, LA JUSTA

Las cosas envejecen
y suelen fallar o romperse,
Las cosas con el tiempo
poco a poco van cambiando
y se van degradando,
ya sea porque las usamos,
o si las maltratamos.
La cera se va gastando,
y la vela se va apagando.
Se acaban la cera y la vela,
y no sirve ya la mecha.
Habrá que usar otra nueva,
¿Cuántas nos valdrán? ¿Cinco, seis?
¿Cuántas son necesarias?
¿Tantas nos hacen falta?
Usándolas con cabeza,
no gastaremos mucha cera,
si no tardan demasiado
en resolver el problema.

INFESTADOS

Queríamos terminar el año,
fuera dos mil veinte, vete,
y sigue muriendo gente.
Hay otras cepas nuevas
que vienen con mucha fuerza.
No queda más que la vida,
quiera o no la economía,
o algunas economías,
o la vana Navidad.
Nos seguimos contagiando.
¿Qué nos está pasando?
Y donde casi no morían,
ahora baten récords.
Tú, maldito jinete,
que nos pones a prueba
y nos llevas al límite,
forajido de mierda,
puñetero asqueroso,
vas a morder el polvo.
Terminarás cumpliendo
tu merecida condena.
No amueblamos la cabeza.
Verdad verdadera,
el otro nos la pela.

DESCUIDOS EN EL HIELO

Era la hora del paseo,
tocaba sacar al perro,
a pesar del frío y del hielo.
La rutina de siempre,
un día cualquiera, nada más,
que ande un poco y haga sus cosas.
Coge los guantes y salen,
el trayecto de siempre.
Nada peligroso o raro,
sin querer correr riesgos,
pisando con cuidado.
Según van caminando,
se encuentra con su vecina,
se tiran una sonrisa,
y llegan por fin al río.
Lo suelta como de costumbre,
se acerca el perro a beber,
y al ver el hielo, se adentra,
pero el hielo se quiebra,
el perro se va al agua
y ella, que lo ve, se adentra.
Y muere él, y muere ella.
La correa yace en la orilla,
completamente perdida.
Ella fué a rescatarlo,
sin siquiera pensarlo.

NO ME HABLES DEL MAÑANA

Este año se empieza a ver mal,
y no ha hecho más que empezar.
Invierno extremo y enfermedad,
va a haber que echarle ganas.
Cada día que caminamos,
más cerca estamos del final.
A ver cuántos nos quedamos
y cuántos se nos van.
¿Fiestas, casa, trabajo?
Nosotros mismos lo pagamos,
a ver cuándo salimos,
y a ver cómo, claro.
Unos saldrán volando
y otros tantos tropezando,
y de los que lo consigan,
algunos quedarán tirados
en mitad del camino,
sirviendo de primer plato
a buitres de dos patas.
Todos podemos probar
el tema este de ayudar,
igual nos empieza a gustar,
igual nos pone genial.

SE NOS VA UNA OLA

Parece que Filomena
sube de nuevo a la luna
a comer mortadela.
Ya estaba cansada ella
de la dichosa tormenta.
Te deseamos lo mejor,
de verdad, de corazón,
espero que hayas gozado
y que lo sigas haciendo
allí arriba, en lo alto.
No te canses de pasarlo bien.
Agua nos has dejado.
Has dejado de soplarnos,
y las aspas de los gigantes
de girar han dejado,
pero no pasa nada, eh,
nosotros lo pagamos.
Ya estaban hace tiempo
sin luz unos cuantos,
tú solo lo has empeorado,
ya se estaba olvidando.
A algún desheredado,
también te lo has llevado.

SOLIDARIDAD

¡Qué palabra más bella!
Y, además, qué bien suena.
Siempre muy cerca de ella,
siempre dentro y presente,
siempre, siempre en nuestra mente.
El infierno no está fuera,
sino dentro, muy dentro,
en las cavernas de la mente.
Ahí vemos lo bello y el miedo.
Solos por nuestra cuenta,
casi nada aprendemos.
La garrapata no chupa
su propia sangre, ¿verdad?
Ella lo que hace es tirarse,
o tal vez dejarse caer
y vivir de sangre ajena.
Tal es su naturaleza.
Hay formas mejores de hacer.
Como poco, no perjudicar,
educar a no dañar,
a condenar la guerra,
a fomentar la paz,
que la unión hace la fuerza
y la división la guerra.

NO NOS ABANDONES

Ay, Lorenzo, Lorenzo,
te echábamos de menos,
vale ya de nieve y hielo.
La gente sale a la calle,
y se alegra de verte.
Ánimos necesitamos
en estos tiempos raros,
también entretenimiento
y buenos pensamientos,
de los que dan frutos buenos.
Es tan vasto el conocimiento
como el mismísimo tiempo.
Nos deja al menos momentos,
y solemos molestarnos,
en vez de relajarnos
y aceptar tales regalos.
Somos seres humanos
y nos equivocamos,
a ver cómo lo arreglamos.
Tampoco es para tanto.
Como venimos, nos vamos,
nuestro hacer es el legado
a la fuerza regalado.
Solo queda aceptarlo.

LA SOMBRA

Parece que aumenta el odio,
o quizás ahora se ve más,
es como que nunca se va,
y digo yo por qué será.
¿Será que viene de serie?
¿Y el amor y el miedo qué?
¿También vienen de serie?
La libertad, otra que también
parece venir de serie,
que nos gusta y nos asusta.
Es extraño y asombroso.
Querer usar la razón
es la clave de la cuestión.
Parece algo lógico, ¿no?
Esta es la posibilidad,
las herramientas ahí están.
Enseñanza y educación,
la cultura de la paz,
justicia social y libertad.

AQUÍ Y AHORA

El ácido está de moda,
a otro que se le ha ido la olla,
no es que se haya ido de viaje,
ganas no le faltaban,
es que no le han dejado irse.
Le han caído hostias a manta,
los ojos le iban a sacar
tras oír el grito
de la muy pobre desdichada.
Que dicen que ella decía:
«¡No veo nada, estoy ciega!»
Ácido el que le había echado él.
A este sujeto hay que sujetar,
más que darle hasta reventar,
claro que pena no da,
pero mejor amarrarlo
y llamar a la autoridad,
y que curen a la muchacha.
Estas cosas nos encienden.
Lo mejor es que lo encierren.

SABOR DE VIDA

Ante tanta incertidumbre,
cuando hay calamidades,
enfermedades, lo que sea,
nos quedamos asombrados,
nos quedamos asustados,
nos quedamos enfadados,
¿Qué es lo más adecuado?
Venimos con el final
debajo del brazo.
¿Final y principio? ¿Final y final?
¡Quién lo sabe! ¡Qué más da!
Al menos en parte
seremos paisaje.
La vida seguirá, ¿igual?
Ahora estamos aquí, sí.
No busquemos más problemas.
Abracemos la belleza,
y hagamos algo ahora
que ayude a dejar las cosas
por lo menos algo mejor
que como nos las encontramos,
que todo pasa y pasará,
y el mundo, mundo será.

PELEA O...

Tenemos una jaula
con unos cuantos grillos
que cantan a ladridos.
Nos joden el cerebro,
nos joden nuestros oídos.
Nosotros también ladramos,
los unos contra los otros,
como lo hacen los lobos.
Dos ejemplares de estos
andan por ahí dentro.
O eso dicen los entendidos,
parece que ambos no son malos,
solo uno está equivocado,
suele estar enfadado,
piensa que el resto es malo
y anda muy asustado,
mirando a todos los lados,
quiere estar controlando.
Quiere luchar y conquistarnos,
pretende dominarnos.
¿Habrá paz? ¿Quién ganará?
¿Tendrá que haber un derrotado?
¿Al bueno lo ignoramos?
¿Por qué no le hacemos caso?
¿Probamos a ver qué pasa?

MINUTITOS

Una canción acelerada,
o algo más relajada,
una canción llena de ira,
desatada o contenida.
Una canción triste, pesada,
potente, tranquila,
una canción llena de vida,
que me llene de alegría,
a la realidad abrazado,
que las notas me atraviesen,
me levanten de la silla,
que mi piel se ponga
como la de una gallina,
y suban los pelos
directos al firmamento.
Que me taladre el cerebro,
que se quede en el recuerdo,
que me haga pensar las cosas,
aunque no esté de acuerdo,
que me ayude a despertar
y a encontrar los relatos
que no siempre apreciamos,
cuando estamos pensando.
Una canción que me diga algo
y que yo lo perciba, claro.

¡MIRA!

Un jarrón con una flor,
en su día llena de color,
ahora de muerte herida.
Un frutero marrón
todavía con sabor y olor,
una botella casi vacía
de alegría y de vidilla.
¿Qué nos querrán decir?
¿Cómo han llegado hasta aquí?
¿Se las llevarán a otro sitio?
¿Qué será de ellas mañana?
Ay, no me había dado cuenta,
si hay una mariposa,
y no se menea.
¿Estará dormida, muerta
o tal vez despierta?
¿Pensará algo de mí? ¿Qué será?
Igual me vio primero,
igual la he despertado.
Ahora ella vuela y vuela,
libre de la tormenta.
Cometa alada con hilo de plata,
muy frágil y muy preciado,
se rompe en cualquier lado.
¿Qué es todo este tinglado?
¿Un decorado bien ordenado?

EL PASTEL

En la mesa hay un pastel,
tiene crema y es de hojaldre.
Lo queríamos de manzana,
pero nos quedaba nata
y nueces de la vez pasada.
Otro día lo compraremos,
hoy vamos a disfrutar.
Aquí están la copa y el café.
Ya está todo listo,
ahora toca repartirlo.
Si tú coges el cuchillo,
corta, que luego yo elijo,
o al revés, si quieres.
Hay suficientes trozos,
proporcionados y sabrosos,
con cabeza, hay para todos.
Si todos tenemos algo,
todos salimos ganando.
Mira, no te equivoques,
ni quieras equivocarte,
que no sales perjudicado,
no lo hagas más complicado,
nadie te ha condenado,
nadie te ha sentenciado.
Estamos razonando.

TODO Y MÁS

Todo eso que ves es tuyo,
y lo que no ves también lo es.
Todo está hecho para ti,
todo está hecho para todos,
y si nadie lo ha hecho,
y se ha hecho ello solo,
con mucho más derecho
a todos nos pertenece.
Elige pues lo que quieras,
sin límites, sin barreras,
no te hagas la zancadilla,
que ya te tirarán piedras.
No te escondas dentro o fuera.
Verás lo bueno y lo malo,
también lo bello y lo feo,
verás el dolor y el placer,
elementos y compuestos,
la libertad y el miedo,
pasar hambre y pasar sueño.
Puede que pruebes el amargo
sabor del desprecio,
y más que ahora no recuerdo,
pesadillas y sueños,
disfraces y caretos.
Sigue entonces eligiendo
y continúa eligiendo,
verás qué sentimientos.

LA GRAVEDAD

Muchos árboles andan calvos,
sus hojas se han secado.
Frágiles, no pueden
continuar soportando
los latigazos del viento,
y tiradas en el suelo
al fin han terminado.
Cómo algo tan ligero
puede ser tan pesado.
Cómo lo que es tan bello
se pudre y se hace tan feo.
Qué ligero entonces se hace
que por su poco peso cae.
La vida es frágil y ligera,
pero se las va apañando
para seguir obrando,
para seguir trazando
nuevos senderos no explorados.
Va tomando y va dejando,
y así todo va pasando.

AQUÍ DENTRO

Mecanismos y engranajes,
humanos y naturales,
los segundos son ciegos,
los primeros son tuertos.
Conocer el mecanismo
puede serte de ayuda
para mantenerte vivo,
o para ser tú mismo
y no perder el equilibrio;
para buscar el resquicio
a través del cual ver la luz
que mantiene viva la vida
y alivia la injusta herida;
para seguir el camino
libremente comprometido.
Mantente vivo y despierto,
mantén el pensamiento
libre de todo tormento,
ya sea propio o ajeno.
La libertad te enseña
a decir aquello que deseas
de forma hábil y certera.
Inmenso como el universo
es nuestro pensamiento.

MEDIA SONRISA

Esa sonrisa indolente
no esconde la sensación
de una tal superioridad
considerada natural.
Esos caninos te crecen,
y creen que se lo debo,
colmillos de vampiro
que desean morder a un vivo.
La sonrisa desencajada,
del que se cree especial,
mejor, distinto, superior
a todos los demás.
Ya hasta nos parece mal
solo intentar razonar.
Terminamos como comida,
vidas enteras dormidas,
aceptamos la mordida
y más zombis a la lista.
Aquella sonrisa
ahora devora vidas.

HUMILDES HUMANOS

Arañazos rotundos,
ya muy poco profundos.
Difuminados, los surcos
yacen sobre la tierra,
cubierta de mala hierba,
condenada belleza,
que no nos interesa.
Igualando la tierra,
a base de dar vueltas
dejándola a punto,
arenosa, deshecha,
comienza la nueva era
y termina la previa,
con las ganas de siempre
y la esperanza puesta
en una buena cosecha
que llene la despensa.
Así surcamos la tierra
nosotros que la andamos,
dando pasos en falso
y también tropezando,
a veces a solas
y a veces acompañados.

Índice

Sobre el autor

Oscar Antuñano Vaquero (Santurtzi, Bizkaia, 1983). De la mano con la vida, el autor ha encontrado la poesía. Publica esta colección de poemas corregidos y revisados, a partir de los textos originales ya colgados en Internet y redes sociales separadamente. Se trata de su primera obra escrita y la publica con el fin de compartirla y fomentar momentos de reflexión en las personas.